Género Texto expositivo

Pregunta esencial
¿Cómo usamos el dinero?

I0799607

Cómo ser un comprador inteligente

Jonathan Chen

Capítulo 1
Primeros pasos 2

Capítulo 2
En el supermercado. 6

Capítulo 3
Resolver y planificar 10

Respuesta a la lectura 15

LECTURA COMPLEMENTARIA **El vellocino de oro**. 16

Glosario/Índice 19

Enfoque: Estudios Sociales. 20

CAPÍTULO 1 **Primeros pasos**

El comprador inteligente sabe que el dinero es importante. Lo usamos para comprar todo lo que necesitamos o queremos. La gente trabaja duro para ganar dinero. No quiere **derrocharlo**. Por eso es importante ser un comprador inteligente. A continuación, te damos algunos consejos sobre cómo ser un comprador inteligente.

Un comprador inteligente siempre tiene un plan.

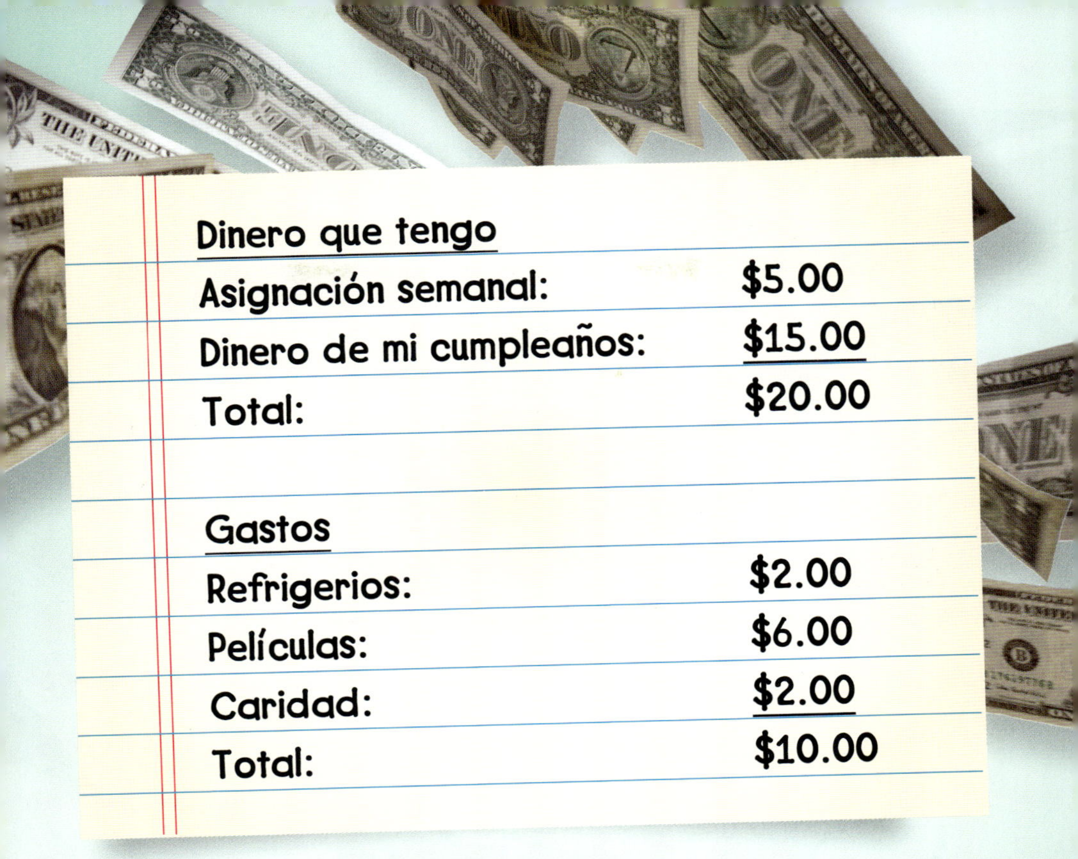

Dinero que tengo	
Asignación semanal:	$5.00
Dinero de mi cumpleaños:	$15.00
Total:	$20.00

Gastos	
Refrigerios:	$2.00
Películas:	$6.00
Caridad:	$2.00
Total:	$10.00

La suma se usa para hacer un presupuesto.

Presupuestos

Primero, necesitarás un **presupuesto,** o un plan de gastos. Este detalla las cosas que necesitas o quieres comprar, e indica cuánto cuestan y cuánto dinero tienes.

Mira el presupuesto de Sonia. Esta semana tiene dinero para refrigerios y películas. También puede darle algo de plata a la gente que necesita ayuda.

Los anuncios del periódico dicen cuánto cuestan las cosas.

Comparación de precios

Si tu familia quiere comprar algo, deberías hacer una comparación de precios. Esto significa averiguar cuánto vale lo que quieren comprar en diferentes lugares. Puedes ir a las tiendas y verificar los precios.

Otra manera de comparar precios es usar internet. El artículo que quieres podría costar menos si lo compras por internet. Un comprador inteligente siempre hace valer su dinero.

Ahorra dinero

Es una buena idea ahorrar algo de tu dinero. Si recibes una asignación semanal, intenta guardar un poco cada semana. También podrías ahorrar parte del dinero que te puedan dar como regalo.

CAPÍTULO 2 **En el supermercado**

Imagina que vas a comprar alimentos. Primero, haz una lista de lo que necesitas. Este sistema hace más fácil la compra. También valorarás más tu dinero, porque no comprarás cosas que no necesitas.

Lista de compras

leche
huevos
jugo de naranja
manzanas
zanahorias
lechuga
champú

¡Una lista de compras hace que tu visita al supermercado sea más rápida!

Revisa tu presupuesto antes de comprar muchas cosas.

Ofertas y cupones

Las ofertas y los cupones pueden ayudarte a ahorrar dinero. Muchos supermercados tienen ofertas. Los artículos que están en oferta suelen cambiar todas las semanas. Mira los anuncios del supermercado. ¿Hay algo en oferta que uses a menudo? Si es así, es una buena idea comprar más cantidad de los artículos en oferta.

Puedes encontrar cupones en el periódico.

Los compradores inteligentes también usan cupones. Un cupón indica una cantidad de dinero que será descontada del precio de un artículo. Esto ayuda a pagar menos por ciertos artículos. En el momento de pagar, entregas tus cupones al cajero. ¡La persona que inventó los cupones era un comprador muy inteligente!

Recibos

Antes de regresar a casa, un comprador inteligente verifica su **recibo**. Un recibo es un registro de lo que compraste. También dice cuánto pagaste.

A veces un artículo está en oferta, pero la máquina del supermercado muestra un precio más alto que el de la oferta. Si ves un error en el precio, avísale al gerente.

Siempre debes controlar tu recibo después de comprar.

Detective del lenguaje	Halla un adjetivo comparativo en esta página

CAPÍTULO 3 **Resolver y planificar**

Quieres comprar algo, pero no tienes dinero suficiente. ¿Qué haces? La mayoría de las personas han enfrentado este problema. Hay maneras de resolverlo.

Resolver compartiendo

Tal vez tú y tus hermanos y hermanas quieran una bicicleta. El dinero alcanza para comprar solo una bicicleta. Puedes resolver este problema compartiéndola.

Puedes compartir bicicletas, patinetas y monopatines.

Podrías invitar a tus vecinos a tu casa para jugar juntos.

¿Qué pasa si quieres comprar un equipo de videojuegos? Podrías compartirlo con tus vecinos o amigos. Por ejemplo, la mayoría de la gente no usa el equipo de videojuegos todos los días. Entonces, ¿por qué no comprar solo uno? Luego, pueden turnarse para usarlo. Haz un **calendario** para los días de la semana que puedes jugar.

Planificar con tiempo

A veces, lo que quieres comprar cuesta mucho dinero. Entonces, es necesario planificar y tomarse un tiempo para pagarlo. Sonia y su familia quieren visitar un parque de diversiones. Tienen un problema. No saben cuánto costará el paseo.

La familia decidió hacer una **investigación** sobre los costos. Luego, hicieron una gráfica. Esta muestra los costos de las cosas que quieren.

Planifica siempre con tiempo antes de salir de paseo.

La gráfica muestra cuánto costarán el almuerzo y los refrigerios en el parque. También muestra cuánto costarán las atracciones y los juegos. En total, el almuerzo y los refrigerios costarán $6.00. Los juegos costarán $8.00. Las atracciones costarán $10.00. La familia de Sonia analizó su presupuesto. Cada uno tenía $25.00 para gastar. ¡Podían hacer el paseo!

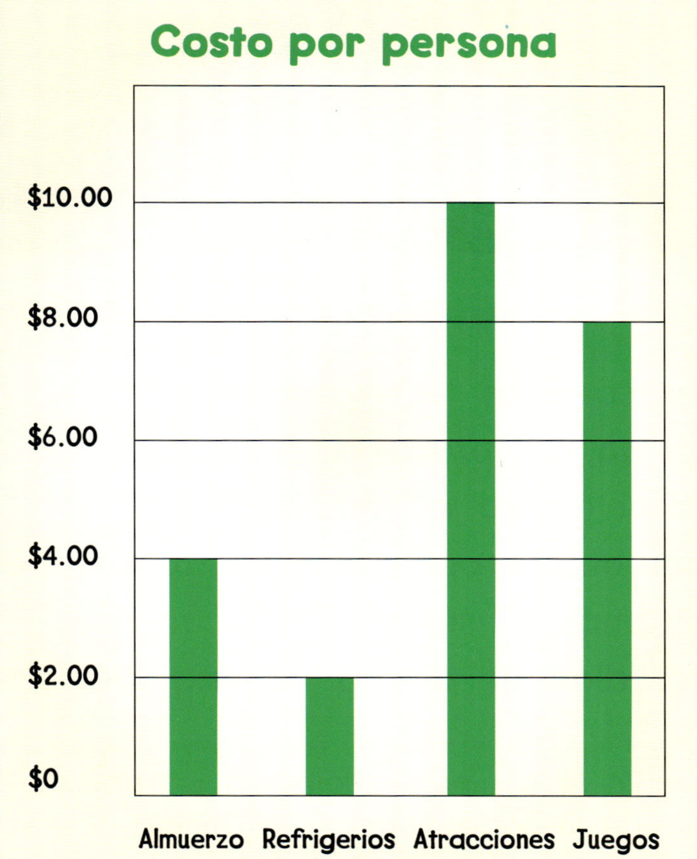

Asegúrate de no salirte de tu presupuesto durante el paseo.

Ser cuidadoso con el dinero puede ser divertido.

Seguir estos consejos te ayudará a convertirte en un comprador inteligente. Recuerda que el dinero es importante. Debemos tener dinero para comprar todo lo que necesitamos. Si sigues estos consejos, podrás ahorrar algo de dinero. ¡Buena suerte!

Detective del lenguaje	En la página 13, compara los precios de las atracciones y los juegos usando un adjetivo comparativo.

Respuesta a la lectura

Resumir

Usa detalles importantes para resumir *Cómo ser un comprador inteligente.*

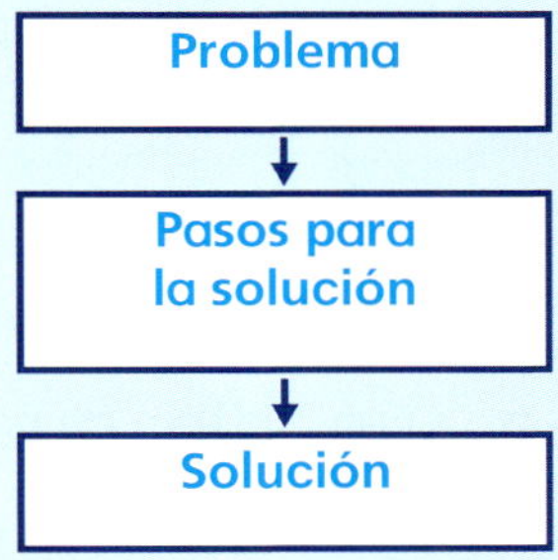

Evidencia en el texto

1. ¿Cómo sabes que este texto es expositivo? **Género**
2. ¿Qué puede hacer una familia si no tiene dinero suficiente para comprar bicicletas para todos? **Problema y solución**
3. Usa claves en el párrafo para deducir el significado de *calendario* en la página 11. **Claves en el párrafo**
4. Explica qué es un presupuesto y qué problema resuelve. **Escribir sobre la lectura**

Género Mito

Compara los textos

Lee un mito sobre perseguir algo valioso.

El vellocino de oro

Había una vez un hombre llamado Jasón. Se suponía que era el rey, pero su reino había sido robado por un rey malvado. Jasón debía recuperar su trono. Para lograrlo, tenía que encontrar el vellocino de oro, la lana de un carnero dorado y poco común. Era muy valioso.

Jasón buscó algunos hombres valientes para que lo ayudaran. Zarparon en barco en busca del vellocino.

Jasón y sus hombres enfrentaron muchos desafíos en su viaje. Lucharon contra monstruos y dragones. Tormentas terribles los pusieron en peligro. Pero tras una larga búsqueda, ¡hallaron el vellocino de oro! Jasón y sus hombres huyeron rápidamente con él.

Jasón volvió al reino. Le presentó al rey malvado el vellocino de oro. Jasón dijo que ahora el reino era suyo, pero el codicioso rey no quiso entregarle el trono. Tampoco quiso devolverle el vellocino de oro. En cambio, persiguió a Jasón y a sus hombres. Jasón pasó el resto de su vida oculto. Nunca se convirtió en rey, ¡pero vivió muchas otras aventuras!

Haz conexiones

¿Por qué es importante el dinero?

Pregunta esencial

¿Qué es valioso para las diferentes personas en cada selección? **El texto y otros textos**

Glosario

calendario plan que indica qué sucederá en distintos momentos *(página 11)*

derrochar gastar dinero sin pensarlo o en cosas innecesarias *(página 2)*

investigación proceso de averiguar datos o reunir información *(página 12)*

presupuesto plan de gastos de dinero *(página 3)*

recibo papel que muestra lo que compraste y cuánto costó *(página 9)*

Índice

comparación de precios, *4–5*

compartir, *10–11*

cupones, *7, 8*

gráfica, *12–13*

lista de compras, *6*

ofertas, *7, 9*

presupuesto, *3, 7, 13*

recibo, *9*

supermercado, *6–9*

Enfoque:

Estudios Sociales

Propósito Hacer y leer la gráfica de barras de un presupuesto

Paso a paso

Paso 1 Con un compañero o una compañera, creen la gráfica de barras de un presupuesto para un paseo como el de la página 13.

Paso 2 Averigüen y comparen cuánto cuestan las distintas cosas que deberán pagar.

Paso 3 Sumen los costos para ver cuánto dinero necesitarán.

Paso 4 Comenten por qué es importante planificar con anticipación antes de gastar dinero.